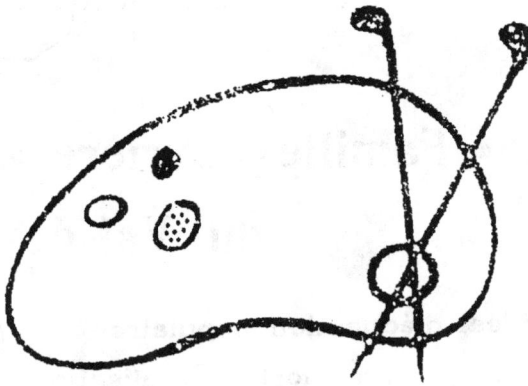

Début d'une série de documents
en couleur

N° 305

Action Populaire

SÉRIE SOCIALE

Joseph DASSONVILLE

UNE RÉALISATION

La « Famille ouvrière »
du Val-des-Bois

Un idéal d'éducation populaire

Un effort de réalisation

Un faisceau d'institutions

Le numéro : 0 fr. 25

PARIS	REIMS	PARIS
MAISON BLEUE	ACTION POPULAIRE	Victor LECOFFRE
4, Place des Petits-Pères, 4.	5, rue des Trois-Raisinets, 5.	90, rue Bonaparte, 90.

Tous droits réservés.

BIBLIOTHÈQUE FÉMININE

BROCHURES DE L'ACTION POPULAIRE A 0 FR. 25 (FRANCO)

Bar-le-Duc. — Impr. Brodard, Meuwly & Cⁱᵉ. — 6791.2.14.

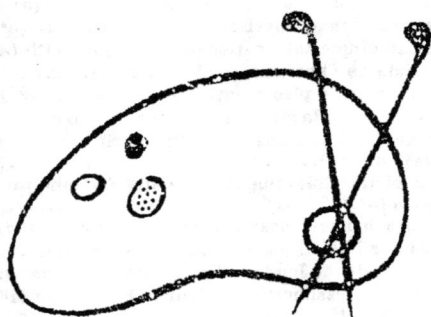

Fin d'une série de documents
en couleur

N° 305

Action Populaire

SÉRIE SOCIALE

Joseph DASSONVILLE

UNE RÉALISATION

La « Famille ouvrière » du Val-des-Bois

Un idéal d'éducation populaire
Un effort de réalisation
Un faisceau d'institutions

Le numéro : 0 fr. 25

PARIS	REIMS	PARIS
MAISON BLEUE	ACTION POPULAIRE	Victor LECOFFRE
4, Place des Petits-Pères, 4.	5, rue des Trois-Raisinets, 5.	90, rue Bonaparte, 9c.

SOMMAIRE

AVANT-PROPOS

Au retour d'une visite au Val-des-Bois un sociologue fort en vue résumait naguère ses observations dans un article parfaitement objectif. Le nom seul de l'auteur eût sans doute paru, en toute autre occurrence, apporter toutes les garanties voulues d'exactitude; en celle-ci son autorité fut discutée. Son exposé des faits fut taxé d'exagération, presque de rêverie.

De refus en refus l'article tomba dans un *magazine* de second ordre.

L'Action Populaire n'a pas de ces préventions contre les faits. Elle accepte d'enregistrer les *réalisations*, fussent-elles quasi miraculeuses. Optimiste, elle sait qu'une volonté humaine persévérante peut faire des prodiges et des miracles même, quand Dieu y met la collaboration de sa grâce.

Miracle ou non, le Val-des-Bois est un *fait* qui s'impose. C'est ce fait que les pages suivantes essaieront de décrire en évitant, autant que faire se peut, deux écueils : les discussions stériles qui divisent, les théories oiseuses qui retardent le moment de l'action.

Peut-être susciteront-elles quelques imitateurs à l'homme de foi et de volonté qui a consacré sa longue vie au bien-être matériel et à l'éducation de ses frères très aimés, les ouvriers.

Dieu le veuille !

Tableau des Institutions ouvrières
du VAL DES BOIS

(*Exposition de Roubaix 1911.*)

La Famille ouvrière
du Val-des-Bois

Passé le pont de la rivière et le passage à niveau du chemin de fer de la Suippe, la route nationale n° 51 monte, dans la direction de Rethel, vers des côtes cultivées, tout échancrées de savarts et couronnées de sapinières.

C'est de là-haut, un peu au-dessus de la croix de fer qui se dresse à droite de la route, qu'il faut jeter un coup d'œil en arrière sur ce paysage champenois.

A l'horizon, la Montagne de Reims profile sa silhouette basse, au pied de laquelle s'arrête la fuite des longues plaines, c'est la Champagne. Les vignobles sont là-bas ; ici c'est le pays agricole à perte de vue. A droite — à l'ouest — et vers le nord — en arrière de nous — de sombres sapinières encadrent les espaces brûlés de soleil.

Le détail caractéristique du paysage, pour nous du moins, est ailleurs. Il est dans cette écharpe verte continue, touffue et large qui s'allonge, à peine ondulée, à travers la campagne. A chacune de ses extrémités, très loin vers l'est et très loin vers le couchant, elle se replie et disparaît derrière un dos de terrain. La rivière est là : c'est la Suippe qui glisse vers l'Aisne, entre des berges boisées, ses eaux d'émeraude longuement filtrées dans des collines de craie. La pureté de ces eaux n'est pas telle cependant qu'on n'y devine certains apports moins purs, et leur cours paisible s'est brisé plus d'une fois déjà sur les aubes des turbines.

En effet la vallée est tout entière livrée à l'industrie, et, de kilomètre en kilomètre, des cheminées d'usine émergent de la verdure.

De temps immémorial Reims a été un centre d'industrie lainière et, très tôt aussi, les villages de la Suippe ont été associés à cette prospérité industrielle. Cette campagne desséchée où poussait une herbe dure et forte se prêta merveilleusement, en ces derniers siècles, à l'acclimatation et à l'amélioration d'un important troupeau de mérinos. La rivière, elle, donnait la force de son courant aux petits ateliers riverains, tel ce Moulin-du-Bas, un « moulin foulerie », de Warmériville qui tournait, dès avant 1630, sur l'emplacement du moderne Val-des-Bois.

Colbert *protégea* cette industrie qui lui rappelait le magasin paternel du *Long-Vêtu* ; protection qui amena plus d'un conflit, au cours des XVIIe et XVIIIe siècles, entre les fabricants de Reims et ceux de la vallée. Les ateliers ruraux n'en prospéraient pas moins [1] et la vallée était prête, le jour où la mécanique transforma l'industrie, à s'approprier les nouvelles inventions et à en tirer parti pour un nouvel essor.

De Bazancourt à Bétheniville, usines et villages s'égrènent le long de la rivière qui établit et maintint longtemps entre eux l'union économique. Le lien plus moderne est constitué, depuis 1872, par une ligne de chemin de fer. Créée et d'abord exploitée par l'initiative privée, la ligne de la Suippe fut rachetée, en pleine activité, par la Compagnie de l'Est à qui les nécessités stratégiques imposèrent, dans la suite, de notables améliorations.

Telle qu'elle est, cette ligne, indispensable à la grande industrie, a rendu les plus grands services à l'agriculture. C'est elle qui amène à pied d'œuvre les engrais nécessaires à ces plaines arides de Champagne, en même temps qu'elle assure des communications faciles et des débouchés nombreux.

Tous les villages de la vallée ont en effet ce double caractère :

---

1. Il y avait, en 1784, dans la vallée de la Suippe, 517 fabricants possédant 946 métiers. La production annuelle était de 12.764 pièces, d'une valeur de 1.429.340 livres.

industriel et agricole. Tel est Warmériville où s'élève l'usine du Val-des-Bois.

La présence fort ancienne de groupements humains sur les bords de la Suippe est attestée par les découvertes préhistoriques de la Motelle, ou *tumulus,* de Warmériville ; pour la période historique, nous sommes renseignés sur les accroissements de cette commune. En 1234 on compte à Warmériville 100 chefs de famille ou 350 habitants environ ; 138 feux, 483 habitants en 1629 ; 259 *communiants*, 328 habitants en 1714 ; 665 habitants en 1789 ; 1.134 en 1836 ; 2.044 en 1885 ; 2.146 en 1912.

Le développement industriel explique surtout ces accroissements. Comme il arrive souvent, les âmes profitèrent peu de cet essor et la prospérité qui multipliait les tentations du matérialisme fut fatale à cette population ouvrière trop rapidement accrue.

Et c'est en face de cette population croissante agglomérée autour d'une usine, toute prête comme ailleurs à suivre les meneurs qui oseraient l'enrégimenter, qu'un jour un patron s'avisa de jouer un rôle d'éducateur. Il prit à partie les âmes pour les apaiser, les pacifier et pour leur assurer tous les bienfaits que procurent la paix et la Vérité.

On verra s'il y a réussi. Mais on ne saurait trop y insister pour que cette leçon de choses ait toute sa force probante : le Val-des-Bois n'est rien moins qu'une oasis industrielle au fond d'un désert ; c'est une usine vivante dans un groupe important et ancien, et cette circonstance condamne d'avance toutes les fins de non-recevoir où voudrait se réfugier le parti pris de ne pas imiter.

CHAPITRE PREMIER

Une dynastie patronale.

———

Les autorités sociales, partout et toujours, se sont affermies par la résidence ; elles ne résistent pas longtemps à l'action dissolvante de l'absentéisme. Le *settlement*, qui est une forme plus pénétrante de la résidence, représente le maximum de cette puissance.

A le bien prendre, le Val-des-Bois n'est autre chose qu'un *settlement* intégral : compénétration adéquate de l'élément patronal et de l'élément ouvrier ; pleine utilisation pour le bien du prolétariat, de la confiance et de l'ascendant conquis par les chefs d'industrie dans une pratique qui multiplie les contacts quotidiens.

Depuis cent quinze ans l'honorable famille Harmel, véritable dynastie patronale, a vu cinq générations participer, successivement ou simultanément, à la direction des usines des Ardennes et, depuis 1840, du Val-des-Bois. Dans la galerie des descendants de Jacques Harmel, la figure de son petit-fils, le *bon père* Léon Harmel, s'enlève avec un singulier relief ; au cours de sa longue carrière qui fut, qui est encore un magnifique effort d'action et d'apostolat, c'est lui qui précisa les méthodes d'éducation populaire, et qui créa les institutions dans lesquelles la théorie s'est incarnée.

A. — La Grande Pensée.

Mgr Freppel écrivait à M. Léon Harmel en 1879 : « Il faut partir de ce principe que le christianisme est venu restaurer et régénérer toutes choses, l'homme social comme l'homme individuel : *Instaurare omnia in Christo...* »

Tout restaurer dans le Christ : l'homme individuel, l'homme
social, l'homme-ouvrier, la société, l'usine. Telle fut la grande
pensée de cet apostolat patronal conquérant.

Conscience patronale.

Pensée chrétienne — intégralement, — inspirée par le plus pur
esprit franciscain. C'est au sein des *fraternités* du Tiers-Ordre
que le Bon Père Léon Harmel prit pleine conscience de sa vocation et de ses responsabilités. « Le patron, écrit-il, est avant tout
responsable envers Dieu... ; il peut l'être ensuite à des titres
divers envers l'Eglise et envers la société [1]. »

Des responsabilités, des devoirs : certes, cette conception du
patronat est austère ; qui oserait dire qu'elle n'est pas vraie ?
Devoirs professionnels, devoirs sociaux, le détail en serait infini.
Ce n'est pas le lieu de refaire ce dénombrement ; les encycliques
y ont insisté, et le catéchisme du patron, trois ans avant l'Encyclique *Rerum Novarum*, en avait établi un minutieux inventaire.

Tout l'effort caractéristique du Val-des-Bois semble s'être déve-
loppé sous la commande d'un principe, disons mieux, d'un
devoir plus général : le respect de la personne humaine, par égard
pour son origine et pour sa destinée.

Le patron a des devoirs envers le *travail humain ;* s'il est chrétien, et dans la mesure où il est croyant, il accepte ces responsabilités. Les patrons du Val-des-Bois ont essayé d'aller jusqu'au
bout de ces conséquences. C'eût été trop peu à leur gré de
réduire à une fonction machinale et à une causalité purement
matérielle les humbles collaborateurs de leur effort industriel. Ils
acceptèrent de remplir la mission d'éducateur dont ils se sentaient
investis.

---

[1]. *Catéchisme du Patron*, élaboré avec le concours d'un grand nombre de
théologiens, édité par Léon Harmel, 1889.

D'autres âmes généreuses ont compris ce *devoir*, qui ont apporté beaucoup d'abnégation à une tâche souvent ardue. Les patrons chrétiens du Nord ont fait des merveilles ; l'Œuvre des Cercles, très apparentée au Val-des-Bois, représente une somme admirable de dévouements. Les méthodes diffèrent, mais le but est identique, pareille la générosité.

Ce qui caractérise la méthode du Val-des-Bois, c'est le souci d'aider, de stimuler l'ascension de la classe ouvrière, de provoquer la causalité humaine à entrer en jeu, à s'exercer, pour s'accroître et se perfectionner.

Par certains côtés la question ouvrière rejoint la question scolaire ; c'est une question de culture humaine. Mais avec l'âge les disciplines éducatrices ont changé ; l'atelier remplace l'école, l'arithmétique fait place au métier. C'est un homme qui se forme par les responsabilités; c'était un enfant qui s'exerçait à raisonner par le calcul.

B. — Le terrain de rencontre : la profession.

Valeur éducatrice.

Entre le patron éducateur et l'ouvrier, la rencontre, si elle peut se produire, se fera sur le terrain commun de la profession où tout les invite à se rapprocher et tout d'abord l'intérêt. Or rien n'est plus favorable au but poursuivi.

De soi-même, l'exercice de la profession est moralisateur : moralisateur comme tout travail et tout effort, sans doute, mais, mieux que cela, moralisateur et principe de relèvement parce qu'il est excitateur de la conscience et dispensateur de responsabilités.

Il y a quelques années, le Dʳ J. Bertillon était prié par MM. Harmel de les aider à recruter des ouvriers ayant une famille nombreuse; désireux d'avoir des ouvriers sérieux et qui eussent le sentiment de leur responsabilité, les patrons pensaient trouver ces qualités chez des pères de famille. Le calcul était bon, et l'œuvre d'éducation populaire devait en être facilitée d'autant.

Le professionnel-patron.

Sur le terrain professionnel où ils se rencontrent, ouvriers et patrons occupent des positions différentes, mais qui ne sont pas fatalement, quoi qu'on dise, des positions de combat.

Les conditions du patronage se sont profondément modifiées depuis un siècle. Du petit atelier familial, où quelques ouvriers peu nombreux travaillaient aux côtés du patron, aux vastes usines modernes, la différence est grande. De l'intimité cordiale du patronat ancien à l'anonymat de l'industrialisme moderne, l'évolution est déconcertante. Dira-t-on cependant que ces transformations, accidentelles après tout, ont atteint les sources du devoir en débarrassant de leurs obligations morales les chefs de la grande industrie ?

. L'évolution qui se continue ne va certes pas à simplifier le problème. L'extension mondiale des marchés, l'universelle concurrence qui supprime les petites unités et pousse à la concentration des forces économiques, tendent à faire prévaloir la puissance commerçante sur la puissance productrice. De gré ou de force, l'industrie doit se prêter pour vivre à l'emprise de l'*intégration* des entreprises.

En tout état de choses les obligations morales demeurent, elles sont même devenues plus graves et plus pressantes.

Or, pour être en mesure de les remplir, tout autre fondement de l'autorité étant devenu suspect aux masses ouvrières, c'est sur la base d'une valeur professionnelle indiscutable que le patron doit appuyer son autorité nécessaire d'éducateur.

Le professionnel-ouvrier.

En face du professionnel-patron, le professionnel-ouvrier n'est pas, ne peut pas être l'ennemi. Leur cause et leurs intérêts sont identiques, et tout ce qui sera fait pour maintenir les contacts sur le terrain de la profession servira la cause de la paix. Qu'y a-t-il au monde de moins *professionnel* que les syndicats révolutionnaires ?

Quoi de plus sain que la fierté d'un bon ouvrier qui a triomphé d'une difficulté technique, qui a mis au point un mécanisme délicat, réalisé un perfectionnement ou une augmentation dans la production ? Toutes les facultés humaines tendues pour cet effort s'exercent et se développent : la « causalité humaine » a son plein jeu : pareil travail de soi est éducateur.

Il appartient au patron de stimuler cet effort : son intérêt y est engagé. Mais il peut aussi, à l'occasion du métier et tout en demeurant dans le domaine des choses de la profession, hausser de plusieurs degrés son idéal d'éducateur, ses disciples — je veux dire ses ouvriers — sont prêts à le suivre.

La « famille ouvrière ».

C'est l'expérience qui fut tentée au Val-des-Bois.

Assurément, le but visé n'était pas un profit mercantile ; ce n'était même pas la réalisation d'un rêve humanitaire de relèvement des humbles que l'on poursuivait. En exaltant la personnalité de l'ouvrier, on prétendait servir les intérêts surnaturels de son âme, le plus noble et le meilleur élément de cette personnalité.

Sous l'influx de cette volonté arrêtée, désormais interprétée comme un devoir, une conception nouvelle des relations sociales s'élaborait : élaboration graduelle et progressive, lente à la fois et sûre, comme les transformations décisives qui changent les mondes.

Cette société du patron et des ouvriers « assemblés par la nécessité de l'exploitation, unis par la pratique des devoirs réciproques de justice et de charité » a un nom : c'est la *famille ouvrière,* Comme propriétaire et directeur responsable, le patron est le chef de cette famille, et l'ouvrier qui signe le contrat d'engagement reconnaît par là cette supériorité et s'y soumet [1].

Soumission provisoire, volontiers frondeuse, dans la plupart des usines modernes où il n'y a pas de famille ouvrière proprement dite ; soumission confiante, affectueuse au Val où le chef est en même temps le *Bon Père.*

---

[1]. Cf. *Catéchisme du Patron.* Prélimin., § III.

Spontanément, ses ouvriers avaient décerné ce nom à M. Harmel-Tranchart, et lui-même écrivait pour ses fils dans son testament : « Aimez vos chers ouvriers, ils étaient mes enfants. Vous reprendrez ma paternité, vous continuerez à les porter vers Dieu et à leur faire du bien. »

L'héritage de ces responsabilités fut vaillamment accepté par M. Léon Harmel, et la famille ouvrière tout entière lui reconnut ce titre de *Bon Père* auquel il a su conquérir une notoriété et une consécration universelles.

Alors que partout, depuis 60 ans, les ouvriers s'éloignent de plus en plus des patrons, n'est-elle pas admirable cette emprise d'une dynastie patronale sur une population ouvrière qui n'était, à bien prendre les choses, ni meilleure en soi, ni pire que beaucoup d'autres, atteinte elle aussi par l'indifférence religieuse, et mêlée dans des contacts fréquents à des agglomérations voisines travaillées par l'esprit de révolte ?

Ce seul mot : le *Bon Père*, explique la merveille.

Avec une intonation un peu différente, sans doute, mais avec un sentiment pareil de dépendance, on dit là-bas : Bon Père, comme jadis on disait : Sire. C'est la reconnaissance d'une autorité aimée et acceptée par toute une population qui la sait protectrice et bienfaisante.

Et le Bon Père lui-même n'aurait garde de trahir cette confiance et cette souveraineté familiale.

En septembre 1891, durant le pèlerinage des *vingt mille* à Rome, le bruit courut que le Bon Père allait être nommé comte romain par Léon XIII. Aussitôt, son fils, M. Félix Harmel, encouragé par l'approbation paternelle, sollicita du Saint-Père le retrait de son projet, redoutant cette entrée dans l'aristocratie « qui éloignerait ceux auxquels le Bon Père avait voué sa vie ».

Cette pensée de désintéressement fut comprise du Souverain Pontife ; le Bon Père, que Léon XIII honora de son intimité, put rester fidèle à sa magistrature familiale et à la haute mission éducatrice qu'il avait assumée.

CHAPITRE II

Un effort social.

Chacun sait que le Val-des-Bois est actuellement une importante filature de laine. Fixons quelques dates de son histoire :

En 1797, fondation de la maison Harmel : filature de laines à la main ;

1810, première usine mécanique ; 1822, seconde usine plus importante à Boulzicourt (Ardennes).

1840, usine au Val-des-Bois (Marne).

C'est cette usine qu'un violent incendie détruisit presque complètement en 1874. On ne releva pas les quatre étages, mais les ateliers s'étalèrent désormais en rez-de-chaussée, couvrant de salles spacieuses et claires, où l'air circule abondamment, une superficie de plus de deux hectares et demi.

Telle est l'usine où va être tenté un magnifique effort d'éducation populaire.

L'idéal est beau : opposer l'usine moralisatrice et socialement bienfaisante à l'usine moralement néfaste, destructrice de la famille, de la foi et des mœurs. Le Bon Père résume ainsi le programme social et moral du Val-des-Bois : « Resserrer les liens du foyer, faciliter l'accomplissement des devoirs par une organisation prudente, attentive, soigneuse de conserver la liberté du bien et de favoriser l'apostolat mutuel, si naturel aux travailleurs ».

L'œuvre réclame la collaboration de toute la *famille ouvrière*.

A. — L'œuvre éducatrice.

Le patron éducateur.

Tout le premier, le patron est en cause. Il le sait et accepte délibérément les obligations de son ministère paternel. Lui-même il les définit : « L'ascension intellectuelle, professionnelle et économique des travailleurs par leurs propres efforts, voilà mon idéal. »

Volontiers le Bon Père insiste sur le caractère « démocratique » des institutions caractéristiques du Val. Le mot importe peu ; aussi bien est-il permis de l'interpréter dans un sens très large qui, comme on l'a dit, « peut n'avoir rien de politique, mais qui révèle plutôt une préoccupation éducatrice. »

C'est bien une pédagogie sociale nouvelle qui s'inaugure au Val-des-Bois. L'éducateur, le patron, y a fait siennes les idées de Le Play : la classe supérieure est l'ensemble des personnes qui se dévouent. C'est la fonction de tout éducateur, et l'on n'a pas inventé encore d'autre moyen efficace d'*élever* des âmes. Il faut du dévouement, et beaucoup, pour jouer ce rôle d'entraîneur en quoi se résume une mission éducatrice.

Il en faudra d'abord pour provoquer l'effort, pour le stimuler, et dans certaines régions, — la Champagne paraît être de ce nombre — l'inertie sera lourde à mettre en branle. Il en faudra pour défendre les débuts contre la fatigue et la lassitude. Il en faudra pour soutenir l'élan donné, pour le faire progresser, c'est-à-dire durer, car c'est tout un lorsqu'il s'agit de mouvement.

Ce dévouement persévérant explique l'œuvre réalisée au Val-des-Bois. Si l'on se récrie que c'est déplacer le mystère et que ce dévouement lui-même tient du prodige, nous en conviendrons. Mais hâtons-nous de le dire, une grande conscience des responsabilités patronales, une absolue confiance dans les vertus foncières de la classe ouvrière, permettront à qui que ce soit de multiplier ces prodiges.

Faut-il ajouter que cet effort donne au patronat sa plus noble signification ? Il y a là mieux qu'une magistrature patronale simplement équitable, mieux qu'une bienveillance charitable qui s'exerce à être une providence ; il y a cette chose sublime, un patron devenu l'âme, l'âme vivante de sa famille ouvrière, et qui la modèle à son image.

C'est l'idée fondamentale des institutions du Val :

« Développer chez les ouvriers le sentiment de la responsabilité, solliciter l'expansion de leurs libres initiatives, les habituer à s'occuper eux-mêmes de leurs propres intérêts. » Ceci suppose une sérieuse culture intellectuelle, adaptée aux besoins particuliers d'une population ouvrière.

Le Bon Père Léon Harmel disait un jour, à Blois : « Une œuvre sans idée est un cadavre d'œuvre. » Il faut des idées à la classe ouvrière pour la même raison qu'il faut une culture littéraire aux classes dites libérales : parce qu'elles *humanisent*. Il en faut aussi pour répondre à la propagande socialiste qui se flatte d'être intellectuelle et scientifique.

Les *Cercles d'études*, à condition d'être résolument confessionnels et nettement professionnels, pourvoiront à cette instruction. C'est là une institution particulièrement chère au Bon Père, mais dont les intéressés ne paraissent pas avoir compris la haute portée, car il faut souvent stimuler leur zèle. Dès 1893 cependant, un premier Congrès ouvrier, suivi de beaucoup d'autres, témoignait à Reims de la vitalité du cercle d'études du Val-des-Bois, promoteur de ces réunions. Soixante-quatorze groupements catholiques ouvriers étaient représentés au Congrès de 1894 ; la plupart étaient affiliés à l'Œuvre des cercles, qui avait commencé par le Val sa pénétration dans les milieux industriels.

A côté des cercles d'études, capables au besoin de les suppléer dans une certaine mesure, les divers conseils dont nous aurons à parler sont une excellente école où se forment les élites.

Enfin il faut signaler comme moyens de formation intellectuelle, très employés au Val-des-Bois, les contacts fréquents avec des éveilleurs d'idées venus du dehors et, réciproquement, l'envoi de délégués du Val aux réunions d'études où ils ont à gagner. Dans l'un et l'autre genre, citons la participation aux journées syndicales de l'A. P. de Reims 1911 et 1912, et ces quatorze *semaines sociales* tenues au Val-des-Bois (1888-1901), où le contact quotidien des séminaristes-semainiers avec les ouvriers, leurs hôtes, laissait de part et d'autre une impression profonde.

— Tous ne sont pas accessibles à cette influence de l'idée ; il n'importe. A l'élite, l'illumination des idées ; à la masse, le rayonnement de l'élite ; à l'ouvrier, l'apostolat de l'ouvrier, « LE SEMBLABLE AGISSANT SUR LE SEMBLABLE ».

B. — Les étapes.

La réalisation d'une telle entreprise demandait de la foi et de la volonté ; elle exigeait du temps : Dieu le donna. L'ascension fut lente ; elle devait l'être. En pareille matière surtout, il n'est pas bon de brûler les étapes, et ce n'était pas trop d'un demi-siècle pour restaurer dans la plénitude de sa dignité toute une population ouvrière.

L'association Saint-Joseph.

Quand le Bon Père Jacques-Joseph Harmel se retira des affaires en 1862, bien des institutions existaient déjà, dont plusieurs étaient des innovations pour l'époque. Les fondations allaient pourtant se multiplier dès lors et, plus encore, s'organiser pour un meilleur rendement religieux et social.

M. Léon Harmel disait à Lyon : « Sans l'association nous ne ferons rien... » Il fallait des associations pour défendre les individus contre les entraînements mauvais, et pour constituer un milieu favorable au développement des meilleurs germes. Elles existent actuellement, « groupant dans une libre adhésion », pour le meilleur profit de l'apostolat mutuel, les personnes de même âge et de même catégorie, depuis les confréries d'enfants jusqu'aux vétérans.

L'année 1861 avait vu deux religieux prêcher une mission d'un mois, et trois religieuses de Saint-Vincent de Paul s'établir au Val-des-Bois.

A la suite de la mission deux ouvriers acceptèrent d'être apôtres ; en deux ans de travail individuel ils avaient conquis quelques adhérents.

On avait les premiers éléments du groupement d'hommes. Ce ne fut cependant que le 28 avril 1867 que l'association fut

constituée sous forme de cercle, sous le patronage de Saint-Joseph. En 1873, à la suite du pèlerinage de l'*Œuvre des cercles* à Liesse, où se rencontrèrent M. Harmel et le Comte Albert de Mun, le Val-des-Bois adoptait les règlements de l'œuvre de Paris.

C'était la première étape. Jusqu'ici l'action était *religieuse* exclusivement.

Sous cette forme l'association réalisa ce qu'on en attendait ; elle préparait une action plus large.

Le syndicat mixte.

Nous sommes en 1875, et nous voyons se fonder au Val une association *religieuse* et *économique* qui groupe les familles des patrons et des ouvriers. C'est la **corporation chrétienne du Val-des-Bois.**

Restait à assurer le côté *professionnel* des institutions : le **conseil d'usine** y pourvoyait en 1883.

C'est la corporation chrétienne que le comte A. de Mun avait vu fonctionner. Lui-même a dit, dans *Ma vocation sociale*, l'importance de cette expérience sur le développement de ses propres idées : « Depuis lors, mes idées se précisèrent d'année en année, et ce fut le fruit de ce long travail que j'apportai en 1883 à la tribune de la Chambre, dans mon premier discours sur les syndicats professionnels. »

On sait l'histoire de la loi de 1884. Le Val-des-Bois qui avait inspiré l'argumentation du grand *leader* catholique fut des premiers à bénéficier de la loi nouvelle.

Le 2 août 1885, les institutions existantes du Val recevaient leur consécration légale par l'approbation des statuts du *syndicat mixte du Val-des-Bois*.

Le syndicat ouvrier.

Il était dans la logique de la méthode adoptée par le Bon Père, de ne pas s'en tenir là, et l'on pouvait prévoir qu'un jour une part plus grande encore de responsabilité serait abandonnée aux ouvriers.

Entre temps l'œuvre d'éducation se poursuivait. Elle fut enfin

jugée complète, et, à la Noël de 1903, les patrons s'étant spontanément retirés, le syndicat devint exclusivement ouvrier.

Une particularité intéressante des statuts consiste en ceci, que
la cotisation ouvrière très modique (0 fr. 25 par mois) est
acquitttée, non par l'individu, mais par la famille, quel que soit
d'ailleurs le nombre de ses membres affiliés au syndicat. La
périodicité des réunions est fréquente : tous les huit jours pour le
bureau de la Chambre syndicale. Enfin, car nous voulons nous
borner, les ressources du syndicat proviennent des cotisations
ouvrières, de subventions patronales (s'élevant par année à
1900 fr. environ [1]) et des bénéfices de la buvette syndicale.

Les subventions patronales rentrent dans la pratique du Val-
des-Bois ; nous en rencontrerons d'autres preuves. Le local lui-
même, la *Maison Syndicale*, est mis gracieusement à la disposition du syndicat par la direction de l'usine.

C. — La corporation chrétienne.

Grâce à un long effort de onze années, de 1861 à 1872, toute la
famille avait fini par être atteinte par des associations appropriées.
Le premier instrument du relèvement, comme son but dernier,
devait être religieux.

Des institutions économiques et professionnelles avaient mul-
tiplié les points de contact entre le groupe patronal et le groupe
ouvrier. La dernière phase enfin de cette évolution avait substitué
au patronage l'*association* basée sur la confiance mutuelle.

Confréries et institutions, organisations ouvrières et groupe
patronal, ensemble harmonieux qui constitue la *corporation
chrétienne du Val-des-Bois*. Le nom plus moderne de syndicat
n'a rien changé au fond des choses, encore que les organisations
proprement religieuses aient dû disparaître des dispositions
statutaires.

---

[1]. Il faut ajouter deux fondations : l'une de M. Jacques Harmel : 1200 fr.
de rente à appliquer aux retraites de vieillesse (1883) ; l'autre de M. Léon
Harmel : 1500 fr. de rente pour aider les familles nombreuses parmi les
syndiqués (1911).

En 1879, M. Léon Harmel écrivait dans le *Manuel d'une corporation chrétienne* : « L'association sera puissante dans la mesure où ses bases seront plus solides, où ses racines plongeront plus avant dans le cœur humain. Or, la foi, la famille et la profession sont les trois liens les plus forts pour rapprocher les hommes, et nos cercles trouveront dans ces trois forces une fécondité qu'ils demanderaient vainement aux moyens factices et aux divertissements. »

La profession paraît à première vue l'emporter sur la famille et la religion ; on verra bientôt que ce n'est là qu'une apparence.

Le coutumier du Val-des-Bois : les conseils.

Il faut parcourir le petit bulletin mensuel, les *Echos du Val-des-Bois*, pour se rendre compte de la vie intense qui circule à travers les membres de ce vaste corps. Chaque numéro donne la distribution des conseils pour le mois suivant [1]. Pas un jour ne se passe sans qu'un conseil au moins se réunisse ; certains en effet, comme le conseil d'usine, ont une périodicité pratiquement hebdomadaire.

On comprendra, si l'on n'a pas perdu de vue le but éducateur des institutions du Val, l'importance attachée à ces conseils où les intéressés eux-mêmes étudient les questions souvent vitales apportées à l'ordre du jour.

Le sentiment du devoir se développe avec celui des responsabilités ; la confiance répond à la confiance ; la dignité s'exalte,

---

1. Les conseils en activité sont les suivants :

CONSEILS D'HOMMES. — a) *Professionnels :* 1. Conseil syndical. — 2. Conseil d'usine. — 3. Vétérans. — 4. Conseil de perfectionnement. — 5. Commission technique.

b) *Economiques :* 6. Conseil Secours mutuels. — 7. Coopérative. — 8. Commission d'initiative. — 9. Consommation. — 10. Comité des jardins.

c) *Sociaux :* 11. Jeunesse. — 12. Jeunes ouvriers. — 13. Petit Cercle. — 14. Ecoliers. — 15. Fanfare. — 16. Gymnastique. — 17. Tir. — 18. Pompiers. — 19. Conférence Saint-Vincent de Paul. — 20. Tempérance. — 21. Familles nombreuses.

CONSEILS DE FEMMES. — 1. Conseil d'atelier. (Conseil d'usine des ouvrières.) — 2. Conseil des mères. — 3. Conseil des jeunes filles. — 4. — Conseil des chanteuses. — 5. Conseil des écolières. — 6. Conférence de dames.

non pour s'opposer à l'autorité, mais pour collaborer plus étroitement avec elle. Initiés à la marche de l'usine, les conseillers deviennent des coopérateurs ; leur dévouement s'en accroît d'autant et cette élite qui doit faire lever la masse, pareille à un bon ferment, se confirme dans son rôle et s'y perfectionne de jour en jour.

Le Bon Père Léon Harmel écrivait aux membres des conseils le 17 février 1898, à l'occasion de son 70ᵉ anniversaire : « Vous avez encore un devoir général d'*apostolat* ; car, même dans les réunions économiques et récréatives, l'homme porte son âme aussi bien que son corps, son cœur aussi bien que son esprit. C'est pourquoi, sans assombrir les jeux par des pensées austères, sans cesser de parler des intérêts matériels dans une réunion économique, il faut savoir tout parfumer de surnaturel. »

Telle est la consigne. On voit qu'il s'agit bien ici de corporations *chrétiennes*.

Le Conseil d'usine.

S'adressant à la même date aux Vétérans du Val-des-Bois, le Bon Père leur rendait ce témoignage : « Grâce à votre bon esprit et à votre confiance en vos chefs, nous avons pu établir les conseils d'usine, qui mettent en commun les efforts des patrons et des ouvriers pour la prospérité industrielle, en même temps qu'ils vous donnent une *participation réelle au gouvernement et à la discipline* de l'établissement. »

Il suffit de lire dans les *Echos* les rapports présentés aux assemblées générales par les différents conseils, pour se rendre compte de la persévérance de ce « bon esprit », et pour constater que cette collaboration apporte aux directeurs toute l'assistance que s'en promettait, en 1879, M. Léon Harmel.

Entre tous les autres, le Conseil d'usine tient une place importante [1].

---

1. L'article 3 des statuts du *syndicat ouvrier* précise les rapports du syndicat, pratiquement du Bureau syndical, avec les autres conseils. « Le syndicat a exclusivement pour objet l'étude et la défense des intérêts des travailleurs par les intéressés. Dans ce but *il organise ses institutions propres* : conseil d'usine... Il donne un concours actif aux institutions générales de l'usine : écoles... »

C'est par lui, et non par le Bureau syndical, que le personnel syndiqué de l'usine participe au gouvernement. Les membres du Conseil sont « de simples ouvriers représentant les différentes professions de l'usine... ; ils sont élus par les syndiqués ».

Parallèlement, « les ouvrières désignent entre elles des déléguées représentant les diverses professions... qui forment le conseil d'usine des ouvrières.

« Chaque Conseil est réuni tous les quinze jours avec un patron, mais hors la présence de tout contremaître et employé. » (Règlements intérieurs, art. 5.)

On comprend, sans qu'il soit besoin d'y insister, la raison de cette dernière disposition : elle assure l'indépendance des conseillers. L'ascendant moral des contremaîtres n'y a rien perdu.

Enumérons, sauf à y revenir plus tard, les attributions propres du conseil : accidents, hygiène, apprentissage, travail, salaire, réclamations.

Un mot suffira ici en ce qui concerne les accidents.

Il entre dans les attributions du Conseil d'usine d'assurer l'application des mesures préventives déterminées par les règlements, et, après l'accident, — événement très rare au Val par suite de cette exacte surveillance — de nommer un *tuteur-conseil* qui aidera le blessé à obtenir l'indemnité convenable. Ce tuteur supplée ainsi le patron à qui la loi interdit de prendre en main les intérêts de la victime d'un accident.

Retenons aussi ce dernier article : « Tout syndiqué a le droit de faire des réclamations, de quelque nature qu'elles soient, à un membre des Conseils d'usine ; celui-ci est tenu de les porter à la prochaine réunion. » (Règlement, art. 5.)

La paix sociale.

Cette disposition réglementaire répond à une préoccupation de plus en plus actuelle dans le monde du travail scindé, malgré la nature des choses, en deux partis ennemis, la *paix sociale*.

Parmi les efforts variés qui ont été tenté dans ce genre : conseils d'arbitrage, commissions mixtes, tribunaux d'arbitrage, etc..., le conseil d'usine tient un rang à part. Comme on l'a fort bien remarqué, son fonctionnement suppose certaines conditions de milieu, et, de la part du patron qui l'emploie, un savoir-faire et un tact tout particulier. Observons à notre tour que si M. Léon Harmel s'est révélé un maître dans la conduite des hommes, le milieu propice au bon fonctionnement du Conseil d'usine s'est constitué lentement, soit, pour parler clair, de 1861 date de la mission du Val à 1883 fondation du conseil.

On le voit, rien ne fut moins improvisé que cette création ; ni prodige, ni génération spontanée, mais une longue persévérance et un développement progressif du germe ensemencé.

Voulant caractériser l'esprit du Conseil d'usine, le Bon Père a fait un jour cette classification des méthodes : méthode parlementaire, méthode familiale. « L'une, dit-il, agit par les lois. Elle s'inspire de la défiance qui anime les adversaires. Elle suppose partout des intérêts opposés qui doivent être défendus dans l'égalité des moyens... — L'autre méthode, que nous appelons familiale, est basée sur la coutume. Sans doute il faut de la persévérance pour la rétablir là où elle n'existe plus... La méthode familiale préjuge les intérêts distincts, mais solidaires les uns des autres. Elle cherche d'abord à établir la confiance mutuelle, source de tout accord... » Et il conclut par une nouvelle affirmation de sa foi en la *famille ouvrière*.

La famille ouvrière constituée, c'est la forme propre et la garantie de la paix sociale réalisée au Val-des-Bois.

Ajoutons, pour les réalistes qui exigent des faits, que l'on ignore absolument au Val la grève et les prud'hommes, et, pour les pusillanimes qu'inquiètent toujours les incertitudes de l'avenir, que l'article 18 du Règlement général écarte toute possibilité de conflit. Il est ainsi libellé : « Tout désaccord sur le présent règlement sera tranché par le Conseil d'usine. » Et cette charte porte la signature et l'assentiment des trois principaux corps constitués : le Conseil d'usine, la Chambre syndicale, le Conseil de la Société de secours mutuels.

CHAPITRE III

Institutions et coutumes.

La maison Harmel frères exposa en 1911, à Roubaix, un fort curieux arbre généalogique où sont groupées symboliquement les diverses institutions, professionnelles, économiques et sociales du Val-des-Bois. Les patrons de Roubaix, membres du jury, tinrent à honneur de décerner un Grand Prix à ce magnifique ensemble : hommage rendu à la méthode, plus encore qu'aux résultats.

— Les résultats, c'est toute une usine moralisée, toute une population ouvrière socialement grandie et ennoblie ; ce sont ces vingt-huit conseils et organisations vivantes, ensemble merveilleux sans doute, mais dont le détail serait infini, et que nous ne pouvons pas tenter de décrire en quelques pages.

— La méthode, c'est toute cette pédagogie sociale dont nous avons essayé de raconter la genèse et l'application. Il n'y a pas lieu d'y insister.

Cependant quelques principes directeurs de cette pédagogie gagneront à être mis en lumière, et quelques applications de détail judicieusement choisies aideront à se faire une idée plus exacte de la portée et de l'excellence de la méthode.

A. — L'action patronale : Principes directeurs.

Liberté et dignité humaine.

Il n'y a pas à revenir sur le zèle apostolique, foyer ardent de toutes les initiatives patronales du Val-des-Bois.

On sait aussi comment l'effort personnel, le seul qui soit vraiment efficace et éducateur, est requis de l'ouvrier, comment il est stimulé. Ce principe était rappelé dans un cartouche qui occupe le centre du tableau de Roubaix : Toutes les institutions sont gérées par les ouvriers eux-mêmes. On aurait pu ajouter que la liberté la plus grande leur est laissée de participer ou non aux avantages des diverses associations du Val.

M. Léon Harmel écrivait, en 1879 : « Nos associations ne sont pas des assemblées d'inférieurs ; ce sont des réunions d'hommes libres où se rencontrent tous les degrés de l'échelle sociale. » (Manuel, p. 305).

A cette époque, la *Corporation chrétienne* était déjà née.

Une autre formule plus récente et très chère au Bon Père est plus explicite : le bien de l'ouvrier, par l'ouvrier et avec lui, jamais sans lui et, a plus forte raison, jamais malgré lui. On reconnaît la méthode éducatrice que nous avons exposée : ascension par l'effort personnel, stimulé, subventionné s'il y a lieu, libre et spontané toujours. Ni les institutions nouvelles ne sont imposées au personnel par la volonté patronale, ni l'enrôlement dans les groupes existants aux individus. Et, qu'on veuille bien le remarquer, le nombre des abstentions est assez grand pour qu'on ne puisse pas alléguer je ne sais quelle contrainte morale.

La liberté est complète, sauf à l'égard de la *société de secours mutuels*, en raison de son caractère, et à l'égard des retraites ouvrières, en raison de la loi ; complète aussi à l'égard des écoles et de la pratique religieuse.

Un vétéran, employé au Val depuis plus de vingt-cinq ans, — pour nous borner à un exemple — n'a jamais participé aux offices religieux. Une petite minorité reste en dehors de toute pratique, et les écoles officielles comptent parmi leurs élèves plus d'un membre de la « famille ouvrière », enfants d'ouvriers de l'usine.

Il fallait citer ces faits pour prévenir une objection courante, au risque même [de provoquer d'autre part les protestations pharisaïques du parti-pris et de la mauvaise foi [1].

La famille.

La préoccupation d'affirmer sur la base de la confiance mutuelle l'édifice de la *Famille Ouvrière*, telle que nous l'avons

---

1. Les associations multiples que nous avons signalées, par exemple, constituent une admirable entreprise — et très efficace — *d'apostolat* mutuel.

décrite, ne fait pas perdre de vue le groupement primitif, la famille naturelle ; resserrer ses liens, la consolider, l'aider, est, avec la préoccupation du progrès religieux, le trait dominant des coutumes et institutions du Val.

Enumérons : facilité de logements dans des maisons ouvrières vastes et spacieuses, louées au prix ordinaire des maisons plus petites ; salaire dit « familial », ou subventions aux familles nombreuses ; intérêt témoigné par la famille patronale qui se réserve le privilège de donner parrain et marraine au dixième enfant lorsqu'il en survient dans une famille : voilà pour la famille *nombreuse*. Paie collective versée entre les mains du père ou de la mère, séparation des sexes et respect de la femme, assistance mutuelle des *vétérans* à qui sont réservés, s'ils veulent, quelques emplois faciles, proportionnés à leurs forces : voilà pour la famille *unie dans le respect et la subordination*.

Notons encore que la famille intervient comme unité pour le paiement de la cotisation syndicale, et que tous ses membres participent aux bienfaits de la société de secours mutuels.

B. — Institutions professionnelles.

La discipline à l'usine.

L'œuvre d'éducation populaire, telle qu'elle est comprise au Val, comporte une certaine participation des ouvriers à la direction de l'usine. Cette participation n'a rien d'anarchique. Outre qu'elle est voulue et provoquée par les patrons, elle s'arrête respectueuse devant les droits de la propriété privée ; tout ce qui est commercial, par exemple, échappe à sa compétence.

Une autre impression saisit le visiteur du Val-des-Bois, impression de l'autorité morale immense, de l'ascendant unique de ce patriarche vénéré qu'est le Bon Père. C'est cette autorité aimée et paternelle qu'il ambitionna uniquement ; un des moyens qui l'établirent le plus efficacement est peut-être la facilité du *recours direct* au patron.

Toute sanction portée par un contremaître est subordonnée à l'approbation patronale, mais ce n'est pas à une condescendance exagérée qu'il faut attribuer la rareté des amendes [1]. Le bon esprit réduit au minimum l'application des mesures disciplinaires, et les contremaîtres eux-mêmes bénéficient de cette restriction apparente de leur droit qui garantit leur autorité morale en les gardant des partialités odieuses.

C'est l'article 9 du Règlement général qui établit le principe du recours direct au patron. Il lui réserve aussi l'admission et le renvoi des ouvriers, encore faut-il remarquer que des délais sont imposés à la dénonciation du contrat par l'ouvrier, de façon à prévenir les suites d'une démarche faite *ab irato*.

Le travail professionnel.

Le recrutement du personnel se fait naturellement parmi les familles des ouvriers ; les fils rejoignent leur père à l'usine. Il faut ajouter que les coutumes du Val reconnaissent un véritable *droit au travail* à tout enfant dont les parents, père ou mère, sont employés à l'usine. Et c'est encore une façon de consolider la famille.

L'apprentissage de ces nouvelles recrues est considéré au Val-des-Bois comme emportant une grosse responsabilité pour le patron. Tant vaut l'apprenti, tant vaudra l'ouvrier : c'est une vie professionnelle qui se prépare à l'école du métier. Aussi l'apprenti est-il suivi de très près.

Tout d'abord, on consulte ses préférences et ses goûts, s'il en a, pour les favoriser ; des primes trimestrielles de cinq et dix francs viennent ensuite l'encourager, des concours le stimuler. Ces concours semestriels sont une des institutions intéressantes du Val ; le conseil d'usine y joue un rôle. Deux fois par jour, durant un mois plein, conseillers, contremaîtres et chef ouvrier, délégué des patrons, donnent leurs notes aux concurrents. Des récompenses en argent, l'inscription au tableau d'avancement sanctionnent efficacement les concours. Ce n'est qu'après avoir justifié de sa *formation générale*, qu'un apprenti peut être admis aux spécialisations des articles dits de fantaisie.

---

1. En dix années (1896-1905), le total des amendes versées à la société de secours mutuels a été de 164 fr. 70. La moyenne annuelle est de 12 fr. environ depuis cette époque.

L'estime du métier ne peut que grandir dans l'âme des jeunes ouvriers, quand ils voient un de leurs futurs patrons se soumettre à l'apprentissage et n'emporter ce titre que « par droit de conquête ».

L'apprentissage patronal, soumis au contrôle ouvrier et sanctionné par la remise solennelle de diplômes, comporte une série d'épreuves variant de quinze jours à un mois pour l'acquisition des brevets d'ouvrier et de contremaître.

L'exemple des patrons [1] stimule aussi à la recherche des *perfectionnements ;* un conseil ouvrier n'a pas d'autre raison d'être, et la direction de l'usine, qui prend à sa charge les expériences, récompense les découvertes par des primes dont le total annuel atteint 8 et 900 fr.

Ce souci de perfectionnements et d'améliorations s'est manifesté pratiquement à l'occasion des réductions successives de la durée du travail. La diligence et l'activité suppléant à la durée, la production a été maintenue égale à elle-même, et c'est encore sous cette forme que le problème de l'application de la semaine anglaise, actuellement à l'étude, s'est posé devant les conseils : par quels moyens pratiques assurer la production ? C'est un problème de perfectionnement du travail.

C. — Institutions économiques et sociales.

Le salaire et l'épargne.

A de pareilles conditions, on comprend que le maintien intégral des salaires, en dépit des réductions de la journée ouvrière, n'ait présenté aucune difficulté.

La préoccupation familiale en matière de salaire a donné lieu à une des initiatives les plus caractéristiques du Bon Père : la *Caisse de famille.* Déjà la paie collective sert la famille, nous l'avons vu ; ajoutons que cette paie se fait le jeudi, jour de marché, et non le samedi... veille du dimanche ! Inutile d'insister.

La *Caisse de famille* répond à une autre préoccupation : assurer

---

[1]. Plusieurs brevets d'inventions ont été pris par MM. Harmel.

la subsistance de sa famille tout entière. Cette fondation remonte à 1891, cette date suffit à souligner l'influence de l'Encyclique et des paroles de Léon XIII aux participants du pèlerinage des Vingt-mille.

Dans les *Ouvriers européens*, Le Play considère deux parties dans le salaire : « L'une, le salaire proprement dit, proportionnelle aux efforts de l'ouvrier ; l'autre, les subventions, proportionnelle aux besoins de sa famille. » La Caisse de famille assure ces subventions, qui gardent toujours leur caractère de libéralités patronales.

Ce sont en effet les patrons, et eux seuls, qui alimentent cette caisse, mais l'administration en est complètement abandonnée au Conseil d'usine.

Des enquêtes minutieuses ont permis d'évaluer à o fr. 60 par jour et par tête le coût de la vie au Val, pour les familles chargées d'enfants : soit 4 fr. 20 par semaine. Or, c'est là un minimum qui n'est pas toujours atteint par les familles où aucun enfant ne travaille, ni par les veuves ; il appartient alors au Conseil de prendre connaissance des salaires insuffisants et de fixer les subventions que le caissier verse aux intéressés.

Il n'est pas hors de propos d'observer que l'ensemble de ces subventions s'élève par an à un total de 1.800 à 2.000 fr. [1]. On ne trouvera peut-être pas cette somme excessive si l'on songe qu'elle porte sur un personnel salarié de plus de cinq cents per-

---

1. A titre d'exemple, citons les chiffres suivants :

4 août 1906 :	8 familles	. . . .	25 fr.
11 —	9 —	. . . .	25 fr. 50
18 —	9 —	. . . .	23 »
25 —	8 —	. . . .	22 »
	Total du mois.	. . . .	95 fr. 50
28 juin 1913 :	6 familles	. . . .	76 fr. 15
12 juil. —	5 —	. . . .	71 » 50
26 juil. —	5 —	. . . .	97 » 15
	Total.	. . . .	244 fr. 80

Du 1ᵉʳ octobre 1907 au 30 septembre 1908, la caisse de famille a coûté 1.680 fr. 50, répartis par trimestre comme suit :

4ᵉ trim. 1907.	. . . .	249 fr. 15
1ᵉʳ trim. 1908.	. . . .	394 fr. 75
2ᵉ trim. 1908.	. . . .	489 fr. 60
3ᵉ trim. 1908.	. . . .	547 fr. »

sonnes, si l'on songe surtout que, dans l'ordre de la charité, l'ouvrier est, au sens le plus pressant du mot, le *prochain* du patron chrétien.

L'épargne est en honneur au Val-des-Bois. Les salaires rémunérateurs la rendent possible, un intérêt de 4 % la provoque et tous y participent : enfants (caisse scolaire) et adultes [1].

Coopération et assistance.

Le *boni corporatif*, l'une des plus originales parmi les créations du Bon Père, est encore une forme d'épargne.

La *Société coopérative*, réservée aux membres du syndicat, distribue aux actionnaires 1/20, et aux coopérateurs 19/20 des bénéfices. Mais seuls les coopérateurs âgés de 50 ans et plus ont le droit de toucher cette bonification. Pour tous les autres, la ristourne est versée de droit à la Caisse d'économies où elle rapporte 4 %. Ce petit capital, remboursable à 50 ans ou à la sortie de l'usine, est insaisissable et incessible. Il constitue une garantie pour les avances d'argent que le Conseil ouvrier peut consentir gracieusement aux coopérateurs.

Dans les cas extrêmes, la charité patronale revêt une nouvelle forme, sous le nom de *Caisses de prêts gratuits*, mais il appartient à la Chambre syndicale d'autoriser le recours à cette libéralité, garantie uniquement par les salaires futurs.

Enfin, pour les familles plus péniblement éprouvées, la charité, organisée dans une Conférence ouvrière de Saint-Vincent de Paul et dans une Conférence de charité des dames, offre un dernier et très efficace recours.

Dans les cas exceptionnels, maladies, décès, naissances même, la *Société de secours mutuels* intervient pour aider ses partici-

---

1. Dans la dernière décade 1900-1909, l'ensemble des dépôts s'est élevé à 809.126 fr. 55, représentant 18,35 % des salaires payés, et un total de 503 déposants : soit 158 adultes, 210 enfants (caisse scolaire), 135 familles (boni corporatif). Pour 30 années : (1880-1909) 2.165.125 fr. 40.

Le montant des placements faits à la Caisse d'économie représente, pour 180 familles environ, un total de 1.200.000 francs placés en dehors de l'usine en terres, maisons, valeurs à lots.

pants, c'est-à-dire tout employé et ouvrier du Val-des-Bois, par une assistance matérielle et morale, principalement en lui faisant tirer tout le parti possible des institutions sociales et bienfaisantes du Val.

D. — Institutions morales et religieuses.

Ecole et cours post-scolaires.

La Société de Secours Mutuels a certaines attributions morales plus hautes : c'est d'elle que relèvent, d'une certaine façon, les écoles libres du Val-des-Bois. Elle a la charge des fournitures scolaires et, à ce titre, il lui appartient de se renseigner par ses commissaires sur l'assiduité des écoliers. La fréquentation scolaire a ainsi un contrôle efficace et réel.

La famille patronale témoigne aussi de mille manières sa sollicitude pour l'école : visites, inspections, encouragements... Pendant des années, le Bon Père se réserva l'enseignement de l'histoire aux garçons. Enfin les *Echos* constituent un véritable palmarès périodique des compositions du mois.

Une sollicitude aussi attentive se devait de ne pas abandonner ses pupilles arrivés au terme de la scolarité. L'enseignement post-scolaire se divise pour les jeunes gens en deux sections ; de 13 à 15 ans ; au-dessus de quinze ans. Cet enseignement, corroboré par le service d'une bibliothèque technique, a une réelle valeur professionnelle ; il a d'ailleurs son équivalent pour les jeunes filles, admises à bénéficier des cours de l'*Ecole ménagère.*

Fêtes et repos.

L'utilisation des loisirs : grave question pour les moralistes et les sociologues. Problème dont la solution est singulièrement facilitée au Val-des-Bois par la multiplicité des institutions dont le fonctionnement utilise pour le plus grand profit de tous une part appréciable des loisirs [1].

---

1. Une section de la Société de tempérance, à laquelle ont adhéré entre autres dix-neuf jeunes gens, et une section de la Croix-Rouge fonctionnent aussi au Val-des-Bois.

Enumérons les sociétés artistiques et sportives : fanfare, gymnastique, chorale de jeunes gens, chorale de jeunes filles, société dramatique, société de tir, préparation militaire. Ajoutons-y les manœuvres de la Compagnie des sapeurs-pompiers. On voit que les moyens ne manquent pas de multiplier une saine joie.

Vie chrétienne.

Mais les meilleures et les plus belles des fêtes sont incontestablement les fêtes religieuses. Ce sont aussi les plus touchantes : telle cette fête patronale du Bon Père, le jour du Patronage de Saint-Joseph, telle cette fête des Rogations dans l'usine.

Toute l'œuvre de relèvement tentée et réalisée au Val n'a pas d'autre fondement d'ailleurs que la religion ; l'œuvre entière du Bon Père est d'un apôtre.

Il y a bien des années qu'il faisait la théorie de « la Chapelle à l'usine » : création nécessaire comme foyer des associations, nécessaire à l'ouvrier qui y apprend la piété, au patron que la présence prochaine de l'hostie rend meilleur et invite à la fréquentation assidue des sacrements, son soutien, sa force.

Depuis 1862 le Val-des-Bois a son oratoire, plusieurs fois élargi, puis remplacé par une spacieuse chapelle, desservie depuis 1870 par un aumônier. C'est là que les associations et le Tiers-Ordre ont leur centre, là que se donnent missions et retraites [1], que se célèbrent les fêtes, les adorations. Là aussi se trouve le berceau de deux confréries professionnelles, N.-D. de l'Usine, préservatrice d'une partie des ateliers lors de l'incendie de 1874, et N.-D. des Champs, associations dont le rayonnement s'est propagé au loin [2].

Et s'il faut donner des preuves de la vitalité chrétienne du Val-des-Bois, citons les 474 communions de la dernière fête de l'Assomption, les 2.000 communions mensuelles ; citons aussi

1. Un certain nombre d'employés, d'ouvriers et d'ouvrières suivent en outre les *retraites fermées* de Cormontreuil (Marne) ou de Rethel.
2. On sait que c'est à l'initiative de M. Léon Harmel, encouragé par Léon XIII, qu'est dû le magnifique mouvement des pèlerinages ouvriers à Rome (1887).

trente et une vocations sacerdotales depuis 1871, et vingt-neuf vocations de religieuses depuis la même date.

— Signalons pour finir un touchant détail des statuts organiques du Val-des-Bois.

A chaque inventaire semestriel, le bénéfice partageable est divisé par le nombre des associés en nom collectif, plus un. Cette part, — la part dite « de N.-D. de l'Usine » — est affectée aux institutions économiques, morales et religieuses du Val. En cas de perte, N.-D. de l'Usine serait tenue en dehors du partage.

Conclusion : Un exemple.

Mgr Pottier, professeur de sociologie au Collège Belge, à Rome, écrivait naguère au Bon Père : « Comme je l'ai exposé dans le cours que je donne à mes élèves de Rome, je considère l'ensemble des organisations économico-professionnelles du Val-des-Bois, comme l'effort le plus complet et le plus réussi qu'ait dégagé l'initiative privée au cours du xixᵉ siècle. »

On reprochera à l'effort d'être trop « complet », trop beau ; on niera, on a nié que le Val-des-Rois fût un exemple imitable. Et cependant il a eu des imitateurs plus ou moins fidèles, plus ou moins audacieux, ou plutôt confiants. Il faut signaler la plus parfaite application des méthodes du Val, l'usine de Camaragibe, près de Pernambucco, au Brésil, dont les ouvriers « respectent et honorent le nom du Bon Père » et déclarent leur corporation « fille de celle du Val [1] ».

Ailleurs, hélas ! de véritables complots révolutionnaires, des grèves systématiques ont provoqué la ruine d'institutions inspirées du Val-des-Bois. Les fauteurs de désordre proclamaient à leur façon, par la haine, l'excellence de ces méthodes et l'efficacité du conseil d'usine entre autres comme moyen de pacification. Il leur déplaisait de voir s'établir la sécurité commune et la confiance mutuelle au sein de la « famille ouvrière ». L'envie les avertissait que le patron en bénéficierait en même temps que ses

---

1. Signalons ici l'important *Syndicat agricole de Champagne*, qui a son siège au Val-des-Bois.

ouvriers, leurs ambitieux calculs appuyés sur la misère et le
mécontentement des classes ouvrières s'en trouvaient déjoués ;
ils ruinèrent l'œuvre de paix et de charité chrétienne.

Nous avons esquissé la physionomie actuelle du Val-des-Bois
et décrit, encore que de façon incomplète, sa puissante *famille
ouvrière*, la *paix sociale* rayonnante. Evoquons d'autres sou-
venirs :

« Nos ouvriers ressemblent à tous ceux dont on ne veut rien
espérer. Beaucoup ont habité les villes industrielles ; dans le vil-
lage il y a encore un bal le dimanche, et les associations
catholiques n'ont pas cessé d'y être en butte aux tracasseries.
Une seconde usine est située dans la même commune, une
troisième à deux kilomètres ; il y en a seize dans un rayon de
trois lieues. Parmi les ouvriers de la contrée, les uns sont parents,
d'autres, camarades des nôtres ; beaucoup ont travaillé avec eux.
Un chemin de fer d'intérêt local leur permet de se visiter facilement et les met à une demi-heure de Reims. Notre vallée a toutes
les misères engendrées par l'éloignement de Dieu dans les agglomérations ouvrières. Les bals du dimanche, des fêtes mondaines
fréquentes, sollicitent partout la jeunesse à la débauche ; aucun
désordre des grandes villes n'y est inconnu, avec l'aggravation
résultant du manque de surveillance légale.

« On le voit, si ce n'est pas la ville, ce n'est pas non plus la
vraie campagne. Nous avions à vaincre des obstacles de tout
genre à l'intérieur et à l'extérieur ; et il nous a fallu employer des
moyens multiples pour rétablir la vie sociale chrétienne. »

C'est M. Léon Harmel qui parlait ainsi après vingt ans de
labeur intense.

Et pourtant, de *ceci* est sorti *cela*.

Dieu n'a pas fait de miracle. Il a béni des efforts ardents et un
zèle vraiment apostolique ; il a aidé celui qui « voulut espérer ».
Son bras n'est pas raccourci ; il soutiendra quiconque, avec une
pareille foi et une aussi grande patience, voudra tenter l'œuvre
de régénération et tendre au but où lui-même a mené le
Bon Père.

APPENDICE

M. Léon Harmel a résumé lui-même, dans une brochure spéciale du plus haut intérêt sur *Le Conseil d'usine du Val-des-Bois*, les principes fondamentaux, la pratique, et quelques-uns des résultats de son action.

Nous reproduisons ici quelques extraits de cet important document.

Principe fondamental.

Toutes les œuvres du Val-des-Bois ont tendu vers ce but supérieur : *Le bien de l'ouvrier par l'ouvrier, et avec lui, jamais sans lui, à plus forte raison jamais malgré lui, telle est notre devise.*

Au point de vue moral, des associations autonomes et libres ont été constituées avec leur gouvernement intérieur et indépendant par des conseils élus, se réunissant périodiquement.

L'action du semblable sur le semblable nous a paru la plus féconde. Il y a dans l'âme populaire un esprit d'altruisme, de générosité et de propagande qui mène facilement à l'apostolat. L'ouvrier est donc devenu le facteur du bien autour de lui. Il a créé un milieu, une atmosphère de solidarité et d'aide mutuelle, source de prospérité et de joie dans notre petit peuple. Taine a démontré, dans les transformations historiques, la puissance des infimes, comme Pasteur a constaté les résultats merveilleux de l'action des infiniment petits dans la nature. Combien de fois, dans ses audiences privées, Léon XIII ne m'a-t-il pas répété, avec le geste expressif de ses grands bras : « Mon cher Harmel, c'est par le bas qu'il faut commencer, par les petits, par les ouvriers ! »

Les heureuses transformations du Val-des-Bois sont dues à cette action des humbles, inconsciente souvent, mais absolument toute-puissante.

Au point de vue économique, des sociétés spéciales aident au bien-être et à l'aisance, en même temps qu'elles sont, pour les membres des conseils, une excellente école pratique qui les forme à gérer leurs propres affaires.

Nous devions appliquer les mêmes méthodes dans le domaine professionnel.

C'est ce que nous avons voulu faire en 1885, par l'institution du *Conseil d'usine.* En réunissant quelques hommes délégués par leurs pairs, nous pouvions leur ouvrir notre cœur, leur faire comprendre nos pensées, les initier aux affaires et à la marche de l'usine, pour les y intéresser, en un mot en faire de véritables coopérateurs. Eux, de leur côté, pouvaient porter parmi leurs camarades le bon esprit dont ils étaient animés, et la confiance que nous aurions su leur inspirer. Telle a été la pensée directrice de cette fondation. (p. 6, 7.)

Pratique.

Les *rapports personnels* ont commencé avec les œuvres, par le moyen des conseils, qui ont eu des séances régulières, où patrons et ouvriers échangeaient leurs pensées avec un abandon tout familial. Cette pratique des conseils nous a déjà formés nous-mêmes. Nous avons constaté avec quel tact et quelle discrétion le patron doit agir, quand il veut encourager l'initiative ouvrière, combien facilement il pourrait l'amoindrir, sans le vouloir, s'il ne faisait pas, pour ainsi dire, abnégation de son autorité. L'expérience nous avait également montré avec quelle délicatesse agissent les conseils ouvriers, quand ils sentent dans le cœur du patron un cœur d'ami. (p. 9.)

. . . . , ...

Le conseil d'usine a fortifié la *discipline,* parce qu'il a rendu les relations plus faciles et plus cordiales. En respectant la dignité des ouvriers et en développant chez eux l'esprit de responsabilité, nous avons provoqué une adhésion volontaire mille fois préférable au résultat de la contrainte.

Il a semblé à plusieurs industriels que nous amoindrissions l'autorité patronale en faisant de nos ouvriers de véritables coopérateurs, en favorisant leur initiative et en suscitant leur responsabilité. C'est le contraire qui est arrivé. Plus nous leur avons donné de participation à notre autorité, plus ils nous ont rendu de confiance et de dévouement. Tout, au Val-des-Bois, est organisé, conduit et présidé par les conseillers ouvriers. Dans leurs assemblées et dans les locaux du syndicat, les patrons sont les invités et ils sont entourés d'attentions où l'affection a plus de part que le respect. (p. 6.)

La *Caisse de famille* : minimum de salaire.

Quel que soit le taux des salaires, il est impossible que les familles

soient complètement à l'abri d'un besoin impérieux au moins temporaire, sans une institution qui permette de franchir comme le point
mort de l'existence...

C'est dans cet esprit de prévoyance que nos pères avaient organisé
certaines propriétés collectives, biens communaux et autres. Notre
génération moins sage a détruit ces réserves, et la misère, qui était
inconnue dans les campagnes, n'a plus eu de contre-poids.

Les passages critiques pour la classe laborieuse sont tout d'abord le
temps où les enfants arrivent nombreux, sans qu'aucun ait l'âge de
travailler. Les dettes alors sont infaillibles. Elles pèsent lourdement sur
l'avenir et apportent avec elles un découragement presque irrémédiable.
L'épargne paraissant impossible désormais, on s'abandonne parfois
sans aucune retenue, le désordre et la misère s'installent en maîtres au
foyer. Il y a aussi la mort, le départ du chef de famille, qui laisse la
mère aux prises avec de poignantes angoisses.

Enfin, il y a le défaut de capacité, soit temporaire, soit absolu, qui
peut empêcher de dépasser un salaire médiocre. Or, en 1891, la grande
voix de Léon XIII a retenti dans le monde entier pour proclamer le
devoir des patrons concernant le salaire.

Il place la *loi de justice naturelle au-dessus de la libre volonté des
parties, et déclare que le salaire ne doit pas être insuffisant à faire
subsister l'ouvrier sobre et honnête.* (Encyclique sur la condition des
ouvriers, 15 mai 1891.)

Pour apaiser notre conscience, autant que pour satisfaire notre cœur,
nous avons, dès 1891, fondé la *Caisse de famille.* (p. 21, 22.)

Hygiène.

Ventilation par des appareils enlevant 10.000 mètres cubes d'air à
l'heure. Appareils pour refroidir en été et chauffer en hiver. Eau
potable dans les salles.

Cabinets à la portée des salles, mais dehors, avec de l'eau et très
aérés.

Salles très vastes, avec une hauteur de 4 m. 20 sous poutres, 6 m.
sous plafond, rez-de-chaussée. Chaque ouvrier a 260 à 340 mèt. cubes
d'air.

Aucun travail de nuit ; — éclairage à l'électricité (ni odeur, ni
fumée).

Comme conséquence de la bonne hygiène, nous citerons les résultats
du conseil de revision pour notre jeunesse. Alors que la statistique

établit pour la France entière environ 20 % de conscrits réformés, au Val-des-Bois, nous ne dépassons pas 7 à 8 %.

Nous pouvons parler également de la longévité.

Sur 295 hommes à l'usine, nous en avons 80 dans la compagnie des Vétérans. Cette compagnie est formée de ceux qui ont travaillé 25 ans au moins dans notre usine ; quelques-uns ont déjà jusqu'à 57 ans de service.

Quatre de nos retraités sont âgés de 80 à 90 ans. Treize ouvriers, dont neuf travaillent, ont de 71 à 80 ans. Douze ayant de 63 à 69 ans, supportent encore allégrement le labeur quotidien.

Nos familles sont nombreuses... (13-14)

JOSEPH DASSONVILLE.

ACTES SOCIAUX

BROCHURES DE L'ACTION POPULAIRE A **0** FR. **25** (FRANCO)

BIBLIOTHÈQUE SYNDICALE

BROCHURES DE L'ACTION POPULAIRE A 0 FR. 25 (FRANCO)

Bar-le-Duc. — Impr. Brodard, Meuwly et Cie. — 67r9,2,14.

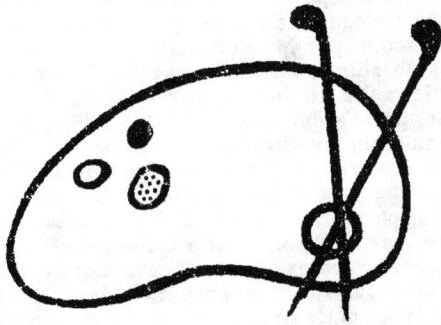

Original en couleur

NF Z 43-120-8

BIBLIOTHÈQUE RURALE

BROCHURES DE L'ACTION POPULAIRE A 0 FR. 25 (FRANCO)

---

www.ingramcontent.com/pod-product-compliance
Lightning Source LLC
Chambersburg PA
CBHW060745280326
41934CB00010B/2361